Kopshti i luleve

Poezi

**NGA
VANGJEL CANGA
(VANCA)**

Unë dërgova kopshtin tim në botë -

Dhe pyeta veten sa shumë kishte atje
Prej asaj që duron përjetë -

Pasqyra e Lëndës

Haiku i (pa)kufizuar

Strikt - pasi bëri pesë hapa
Haiku ndaloi, numëroi nga një deri në shtatë -
Dhe u ndriçua -

"Ndoshta s'është nevoja të jesh kaq strikt"
- Mendoi Haiku - "Po nëse s'je strikt,
A do ketë më kuptim të quhesh 'Haiku'"?

Haiku bëri dhe pesë hapa të tjera

Pa vënë re ndriçimin e shtatë rrjeshtave të mëparshëm -

E shkur(-tër)

U mundova
Ta bëj
Të shkur-

.

.

.

-tër

Por ishte e vështirë

Se më ngjau
Disi
E papërfund-

.

.

.

-

Një temë interesante

Kur nuk ka temë interesante
Mund të flasësh për temën e temës
Ose temën e mungesës së temës

Se dhe ajo duhet të jetë prapëseprapë
Temë interesante -

Detyrë shtëpie

Në mënyrë që të ndjek modën e fundit
Për t'i rënë gjërave shkurt
Për të kënaqur një brez që s'ka durim

Thashë të ndaloj mu tek kreu -

E ta lëj gjithçka tjetër si detyrë shtëpie
Për lexuesit -

   * * *

Por prapë, disi,
Kjo më ngjau sikur prapë unë
Bëra detyrën e shtëpisë për ta -

Provimi

Një zog
Në degën e një peme
Këndon -

-

Mes tij dhe degës
Mes tij dhe nesh
E rreth e rrotull

Një mijë ligje natyrore

    * * *

Por ti nuk je tip shkencëtari -

-

E megjithatë, ti e kalon provimin e natyrës
Me notë shkëlqyeshëm

-

Sepse ti di ligjin më të rëndësishëm

Nga të gjithë ligjet e tjera -

Çështje moderne

E ka mundësi, ndoshta, të jetë e vërtetë
Se unë nuk flas dhe aq shumë
Për 'çështje moderne'

Se, mendoj unë
Shkaqet bazë
Janë të lashta -

(Të cilat mundohem
T'i bëj të dukshme)

* * *

Si rezultat
Megjithëse në mënyrë indirekte
A nuk flas unë prapëseprapë

Për 'çështje moderne'? -

Vajzë çokollate

Midis nesh

   Një kuti me çokollata -

Sytë shkëmbejnë vështrime -

   * * *

Unë nxjerr një çokollatë

   E ta jap ty

Vajzë shitëse në dyqan -

   * * *

Tani, ishe e interesuar tek unë

   Apo tek çokollata

Pyes veten -

   * * *

Por kam frikë të të pyes

   Sepse dua të filloj me fjalët

"Vajzë çokollate..." -

Oqeani në një pikë

Një pikë ra
Në të madhin
E të fuqishmin
Oqean -

   * * *

Të cilën, ndoshta
Oqeani
Nuk e vuri re

E cila, ndoshta
Oqeanit
Nuk i shkaktoi ndryshim

   * * *

Por, oh,
Çfarë oqean
Emocionesh

Ajo pikë
Përmbante! -

Mbi të ndjekurit

A duhet patjetër
Të ndjekësh
Njerëzit?

A duhet patjetër
Të ndiqesh
Nga njerëzit?

-

A nuk duhet më tepër
Të ndjekësh
Të Bukurën

E gjatë rrugës
Të gjesh
Bashkëudhëtarë? -

Mosha e brezit

E re, e bukur
Dhe plot jetë

Ishte kënga
E të moshuarit -

-

Por shumë nga të rinjtë
   Nuk dëgjuan

Sepse këngëtari ishte shumë plak

E shumë nga të moshuarit
   Nuk dëgjuan

Sepse kënga ishte shumë e re

-

Oh, shumë, shumë, vërtet
   Nuk dëgjuan

Sesi kënga bënte të qartë

Moshën e brezit -

Goli

Top në rrjetë -

Po çfarë goli!

Le të brohorasim
Për shënuesin anonim
Që - me shumë mundësi
Pa dashje -

Humbi topin
Në det!

Rrahje zemre energjetike

Stacion hidroelektrik -
Nëse marr një stetoskop
Për të matur rrahjen e tij të zemrës

A do jetë ajo e rregullt - duke rrahur
Në frekuencën
E korrentit
Elektrik?

Dryn në urë

Në urë
Të dashuruarit kanë vënë nga një dryn
Si shenjë e dashurisë së tyre të fortë -

Dhe kanë hedhur çelësin në lumë-

* * *

Në urë kam vënë dhe unë një dryn -
Por të kam dhënë ty çelësin
Që ta gjesh e të hapësh drynin -

Në mes të lumit të drynave -

Romancë kamarieri

Pashë patatet e tua të skuqura
Në pjatë
Të vëna
Si gërma kineze -

Ishin ato një sinjal për mua? -

Pyes veten -

A ka ndonjëfarë kuptimi? -

   * * *

"Mos ka ndonjë problem?" -

Pyet ti -

Se më ke parë që të shoh me vëmendje
Për ca kohë -

   * * *

Oh, sa do doja të merrja patatet e tua
E t'i bëj gërma
Të gjuhës së këtij vendi -

E kështu të të përgjigjem -

   * * *

Por e përmbaj veten -

"Oh, më falni, s'ka gjë" -

Është e vetmja gjë që them -

   * * *

Marr porosinë -
Dhe e përziej me mendimet e mia

Përziej atë që do të provosh ti
Me atë që kam provuar unë -

E kështu, gabimisht

Ja jap kuzhinieres

        * * *

Por shpresoj, të paktën,
Se kuzhinieres së re
Dhe të bukur -

Do i ngjajë interesante -

(Jo)Pëlqim

Pëlqe
    Po qe se të pëlqen
Dhe rri
    Po qe se do të rrish

Sinqerisht -

Sepse të veprosh
    Jo në mënyrë të sinqertë
Është diçka
    Që mua s'më pëlqen -

E në atë rast, mendoj
    Do ishte më mirë
Për ty
    Që thjesht të ikësh -

Egoizëm

Ti bën gjëra
     për vete -

E të quajnë
     egoist -

Se bën gjëra për vete -

     * * *

Pastaj mundohesh ta promovosh e ta shpërndash
     që ta dinë dhe të tjerët -

E të quajnë
     egoist -

Se promovon punën tënde -

     * * *

"Bëje njëherë për vete!"
     Të thonë gjithashtu -

"Ndaje me të tjerët!"
     Të thonë gjithashtu -

Por nuk jam unë konfuz -
     Janë ata -

     * * *

E më quajnë
     egoist -

Se guxoj të jem i sinqertë -

Macja dhe topi prej leshi

Unë marr fije prej leshi -
  Si ai që përdoret
  Për punë me shtiza
  Apo grep -
Për të bërë një top të vogël
  Në mënyrë që macja
Të luajë me të -

* * *

Unë nuk kam mace -

* * *

Me ç'mbetet
  Nga fija
Unë bëj
  Një mace lodër

Në mënyrë që unë të luaj
  Me macen lodër
E cila do luajë
  Me topin e vogël prej leshi -

Këshilla falas

Njerëzit japin këshilla -
Ca prej tyre falas -

Dhe ja këtu një nga unë

Njerëzit japin këshilla -
Ca prej tyre falas -

Dhe ja këtu një nga unë

Njerëzit japin këshilla -
Ca prej tyre falas -

Dhe ja këtu një nga unë

...

Analoge

Shkrak -
Kap momentin
Në një fotografi fjalësh -

Jo patjetër një mijë
(Ca shumë më pak - e ca
Shumë më tepër se aq -)

E megjithatë, në këtë periudhë prej rezultatesh dixhitale të çastit
Proçesimi i fotografisë sime prej fjalësh
Ngjan si nga periudha analoge (e filmit) -

Varkë në det

Forma e një varke në det -

Kush e di sa stuhi
Do ketë kaluar
Para se të përfundonte në këtë det
Me pjesë për skrap -

Sytë e detit

Sytë e tu të trishtuar ngjyrë gri
Ngjanin si deti
Në një ditë me re -

Që të të bëja të gëzuar

Të çova në breg të detit
Në një ditë plot diell -

Dhe sytë e tu u mbushën me lotë...

Mendova se qaje nga gëzimi, por
"Është për shkak të dritës së fortë"
Ti më the -

E dija -

Trishtimi yt
Nuk varej nga ngjyra e syve -

Të përqafova -

Dhe kur të pashë në fytyrë përsëri
Sytë e tu ishin mbushur me lotë...

Mendova se ishte për shkak të dritës së fortë, por
"Është se ti je deti im - në ditë me diell"
Ti më the -

E kjo
Megjithëse sytë e mi

Nuk ishin blu - as jeshile -

As gri -

Të përpiqesh

Ti nuk përpiqesh
Dhe të injorojnë -

Ti përpiqesh
Dhe prapë të injorojnë -
Duke harxhuar kështu
Më tepër energji

Atëhere ku është kuptimi të përpiqesh?

* * *

Ndoshta, mendoj unë,
Kuptimi është që mos injorosh
Të përpiqesh -

Lumi i këngës

Nëse do ngjyrosja telat
Apo pozicionet e notave
Apo gjithë instrumentin muzikor -
Ose akoma dhe notat në pentagram -
Unë, thjesht një fillestar,
Nuk do arrija të krijoja
Të njëjtën ngjyrë tingulli
Si ti, me vite eksperience muzikore,
Arrin të bësh -

E megjithatë, më ngjau se prapë mundem
T'i shtoj ngjyrë muzikës tënde - me këto fjalë -
Siç ti mund t'u shtosh ngjyrë fjalëve të mia -
Duke ndryshuar stilin - për shembull - për të theksuar
Interpretimin tënd të tyre -
Siç ti mund t'u shtosh ngjyrë fjalëve të mia -
Duke i shndërruar në muzikë -

Sepse më ngjau
Se muzika jote është poetike -
Dhe zgjodha - e shpresova të biesh dhe ti dakord -
Që të quhen këto fjalë poezie muzikore -

Sepse më ngjau
Se këto janë si burime të ndryshme uji
Prej të njëjtit liqen të nëndheshëm
Që rrjedhin si përrenj të ndryshëm
Për pak
Derisa pastaj bashkohen
Në të njëjtin lumë
Kënge -

Ndryshim pa u vënë re

Njerëz - një shumicë prej tyre -
Nga shtëpitë afër
Kanë përmbytur brigjet e lumit -

Teksa lumi i gjerë rrjedh qetë -
Por me forcë -

Pa u vënë re ndoshta

Por lumi ndryshon -

***

Njerëz - shumica e tyre -
Brenda shtëpive -
Lumi nuk është i qetë -

Se, shiu që ka rënë,
E ka bërë lumin të turbullt -
E ai përmbyt brigjet - si dhe disa rrugë -

Teksa shtëpitë ngjajnë të qeta
E si gjithmonë shumica njësoj

Prapë, rrjedha e njerëzve është e fortë -

Pa u vënë re ndoshta

Por njerëzit ndryshojnë -

Të ndarë së bashku

Përgjatë rrugës

   Çiftet kanë shkruar emrat e tyre

Ose thjesht inicialet -

-

Por unë nuk e di emrin tënd -

   As inicialet e tua -

E megjithatë shkruaj për ty -

   * * *

Pyes veten

   Nëse gjithë ato çifte
   Janë akoma së bashku -

Pyes veten

   Nëse ne kemi qenë ndonjëherë
   Vërtet të ndarë -

Fari

Unë vizatoj
Një far

Ose e bëj
Me guriçka
Ose materiale të tjera natyrore -

Në një plazh
Në një mal
Në një fushë
Në mes të vendit

Ose akoma dhe në mes të një shkretëtire! -

Pastaj
Në rrezet e tij

Unë shkruaj

Një mesazh -

= = =

Drita e këtij fari
Nuk është
Për mjetet lundruese -

Nuk është
Për makinat në qiell
Apo mbi tokë -

Por është
Për gjithfarë lloj njerëzish
Që do udhëhiqen nga drita e prezencës së tij

E që pastaj do zgjedhin
Ta mbartin me vete kudo -

= = =

Shkëmbim unazash

Akoma dhe para se të takoj ty, personin
Dua të blej unazën

   Por nuk kam masat e tua! -

   * * *

Do bëj një unazë të sheshtë -
Një disk me fjalë të tjera - për masat e mia

   E do gdhend atje emrin tim -

   * * *

Kur të takohemi, e ti të bësh unazën tënde
Le t'i shkëmbejmë -

   E t'i mbajmë si unazo-varëse-të-sheshta
   Në zinxhiro-unazën rreth qafës -

   Ose t'i vëjmë në kyçet e dorës
   Në një zinxhiro-unazë byzylyk -

Rrjedha

Uji rrjedh -
  Tek koha rrjedh -

E uji lëviz mekanizmin e jashtëm të orës
  Ndonëse ora nuk lëviz -

Në tjetër vend është prishur - nga brenda
  Kush merr vesh që kur -

* * *

Unë pastaj marr ujë
  E ia hedh orës -

Por ora nuk lëviz
  Tek uji rrjedh -

Tek koha vazhdon të rrjedhë -
  Ora rri në vend -

* * *

Teksa uji i hedhur
  Bie paksa në mënyrë ritmike -

Duke avulluar bashkë me matjen
  Pas ca kohe -

Tek koha e jashtme vazhdon e rrjedh
  A ka ndaluar koha brenda akoma dhe thjesht për pak?

Ekonomikisht e balancuar

Kur njerëzit vijnë tek ty
    Ti paguhesh

Kur ti do që njerëzit të vijnë tek ty
    Ti duhet të paguash

Por në këtë rast, në një apo dy faqe
    Të një gazete - apo reviste

Doja mos paguaja asgjë për këto fjalë
    E mos paguhesha

(Duke qenë ato përmbajtja por dhe reklama -
    Duke qenë ajo natyra e poezisë -)

Në mënyrë që poezia të mund t'i prezantohej njerëzve
    E njerëzit të mund t'i prezantoheshin poezisë

Në një mënyrë ekonomikisht të balancuar -

Transformimi

Në ditën e parë

Njeriu i afrohet njeriut

    Me një furçë
    Dhe shkumë rroje
    Dhe një brisk në dorë

Berberi i afrohet njeriut -

-

Por ky afrim s'funksionon

Për të prerë mjekrën

    E njeriut skulpturë
    E njeriut që ngjan i lashtë
    E njeriut prej guri

Atë ditë të parë -

    * * *

Disa ditë më vonë

Njeriu përpiqet përsëri

    Me një brisk elektrik
    Dhe kablla elektrike
    Dhe produkte me bazë alkolin

Berberi përpiqet përsëri -

-

Por dhe kjo mënyrë s'funksionon

Për të prerë mjekrën

    E njeriut të fortë
    E njeriut prej mermeri
    E njeriut të parruar

Akoma dhe atë ditë -

* * *

Por, si përfundim, pas disa ditësh të tjera

Skulptori i afrohet skulpturës së tij

    Me çekiç e daltë
    Dhe letër zmeril për ta lëmuar në fund -
    Me mjetet e profesionit të tij

Njeriu i afrohet njeriut -

-

E sigurisht, kjo funksionon

Që ta bëjë njeriun të ngjajë

    Më modern
    Ndoshta më të ri
    E më të bukur

Dalëngadalë përmes ditëve -

* * *

Derisa si përfundim, ja ku është

Njeriu i rruar -

Mjekra e të cilit është bërë
    Gurë të vegjël
    Ose pluhur -

-

Ja ku është

Njeriu i transformuar -

Që, tek rruante skulpturën
    Si përfundim
    Është bërë me mjekër për vete! -

Stetoskop

Kur njerëzit mendojnë
    Për punonjësit e mjekësisë
Besoj se imagjinojnë
    Një doktor
Që mban një stetoskop -

Por, besoj unë
    Është më e mundshme
Që të mbajnë
    Letër dhe stilolaps
Në xhep -

O për receta
    O për shënime në përgjithësi -
Besoj
    Se nuk i mbajnë ato (në shumicën e rasteve)
Për të shkruar letërsi -

-

Por nëse unë u jap atyre
    Një letër-stetoskop me këto fjalë
Pyes veten - do mendojnë ata për mua
    Akoma dhe fare pak - si një doktor
Të shpirtit krijues? -

Dinamizëm statik

Një njeri

Që mban një laps në dorë

-

Statik

Thellë në mendime

-

Para se të bëjë animacion në letër

Bën animacion në mendje

-

Një njeri

Që mban një laps në dorë -

Ndoshta e çuditshme

E është ndoshta e çuditshme

Se si dikush dërgon zogj ndjenjash në botë -

Se si dikush tjetër i jep një prej zogjve një degë miqësie -

Vetëm për ta parë degën të injoruar ose të hedhur tutje

Kur mundohet t'i afrohet dërguesit të zogjve -

Është ndoshta e çuditshme

Se si një prej farave nga dega bie në tokë, e mbin një pemë

Se si pema lulëzon, e zogj bëjnë fole në degët e saj

Se si 'njeriu i degës së miqësisë' shton një fole, gjithashtu

E dërgon që andej zogjtë e ndjenjave të tij në botë -

Është ndoshta e çuditshme -

Kapëse letrash

Unë vizatoj
Një kapëse letrash

Ose e bëj
Me guriçka
Ose materiale të tjera natyrore -

Në një plazh
Në një mal
Në një fushë
Në mes të vendit

Ose akoma dhe në mes të një shkretëtire! -

Pastaj
Në formën e tij

Unë shkruaj
Ose kodoj

Një mesazh

= = =

Disa mund të mendojnë se është
Vetëm një kapëse letrash gjigande

   Një vepër arti

Disa mund të mendojnë se është
Një kapëse kozmike

   Që lidh disa gjëra fizike së bashku

E pastaj disa mund të mendojnë
Se lidh fiziken me jo fiziken

   Se lidh materien me mendjen

   * * *

Por, them unë, nëse e ke parë, kur ikën
A ka mendime që kanë mbetur të lidhura së bashku

Që nuk ishin lidhur më parë?

= = =

Hëna e ujit

Hëna - që rrokulliset rreth Tokës
Dhe unë - që rrokullisem rreth pusit -
Unë - që rrokullisem rreth reflektimit
Të Hënës - në ujë

* * *

Në pus unë hedh Hënën -
Siç quaj unë kovën
E pastaj e ngrej ngadalë
Tek uji lëviz Hënën -

* * *

Hëna - që rrokulliset rreth Tokës
Gjithashtu rreth meje, pusit dhe kovës -
Dhe unë - që rrokullisem rreth pusit -
Të ujit të reflektimve orbitale -

Lule dekorative

Unë vizatoj lule -
Të cilat i mbush
Me lloj-lloj dekoracionesh

Por ti do doje,
Më thua,
Trëndafila të vërtetë -

Por vallë,
Kush nuk e njeh aromën e trëndafilave?

Vallë

Kush njeh një aromë kaq origjinale
Si kjo e luleve të mia?

Kopshti i luleve

Në përgjithësi
Njerëzit nuk ishin dhe aq të interesuar
Për kopshtin im -

E kështu
Unë dërgova kopshtin tim në botë -

-

E shumë ishin ata që morën lule

Por ca morën vetëm gurë të vegjël

E u ankuan

-

Por a s'mund të shihnin
Se lulet do thaheshin shpejt
Se me gurët e vegjël
Do mund të bënin mozaiqe lulesh
Që do duronin më tepër?

   * * *

Në përgjithësi
Njerëzit nuk ishin dhe aq të interesuar
Për kopshtin im -

E kështu
Unë dërgova kopshtin tim në botë -

Dhe pyeta veten sa shumë kishte atje
Prej asaj që duron përjetë -

Bojë ushqimore

Unë shkruaj mesazhe në natyrë
Me bojë të bërë vetë
Jo toksike dhe të lehtë-larëshme -

Bazuar në bojë ushqimore

E pastaj pyes veten për natyrën,
Ngjyrën
Dhe permanencën e ushqimit

Të mendimeve dhe ndjenjave
Të lexuesit -

Sinjalizim

Me fytyrë nga deti
Unë dërgoj një mesazh
Me flamuj
Në një ditë jashtë sezonit
Kur plazhi gjithashtu
Është gati bosh -
Në një ditë disi të ngrohtë
Pavarësisht -
Tek një det njerëzish mbrapa
Bën xhiro -
Shumica shohin dhe nuk kuptojnë
Atë që, me orë të tëra, unë sinjalizoj

= = =

Hej, ti,
Njeri në tokë
Që vendose të ndalosh
E të dëgjosh
Sepse kupton
O sepse sapo mësove
Midis detit të njerëzve
    Ti je një anije -
    E unë të uroj
    Një udhëtim të mbarë e të bukur!

= = =

Rimbushje

Unë vizatoj -

Në letër -

Ose në gurë të vegjël -

Një prizë
Formën e një baterie
Ose burime të ngjashme energjie
Ose akoma dhe skematikat e tyre -

Unë shkruaj -
Një mesazh -

Një mesazh prej një fjalie -

= = =

Rimbush imagjinatën!

= = =

Peshkim

Unë vizatoj -

Në letër -

Ose në gurë të vegjël -

Një grep
Ose një rrjetë

Unë shkruaj -
Një mesazh -

= = =

Të kapa!

Ah - nuk je peshk?

Mos je peshkatar atëhere?
Nëse po, mund t'i marrësh pajisjet...

Ah - nuk je peshkatar?

Por ndoshta njeh ndonjë që është
Ose që dëshiron të jetë

E po të jetë ashtu, mund t'i marrësh pajisjet...

= = =

Vlerë

Unë vizatoj -

Diçka që ngjan
Me monedha -
Ose kartëmonedha -

Por shpesh bosh
Me pikëpyetje
Ose shenja të tjera

Atje ku shkruhet vlera -

Unë shkruaj -
Një mesazh -

= = =

Paratë printohen - ose monedhat stampohen
Dhe u vihet një vlerë
(Shpesh shumë më tepër se kostoja e materialeve)
Imponuar përfundimisht nga qeveritë
Të cilat përdorin fuqinë e tyre
Për të vjedhur jetë -

Unë nuk di
Ç'vlerë t'u vëj të miave
Por të paktën - në ndryshim nga qeveria
Vlera e tyre varet
Nga fuqia që kanë
Për të dhënë jetë -

= = =

Gur i çmuar

Unë vizatoj -

Në një gur të vogël

Vija -

Që formojnë forma të rregullta
Të cilat unë akoma
Mund t'i mbush dhe me ngjyra -

Për të imituar
Kristale
Gurësh të çmuar -

Unë shkruaj -
Një mesazh -

= = =

Nuk kisha një gur të çmuar
   Ata janë të shtrenjtë
Prandaj e bëra këtë gur të thjeshtë
   Të çmuar
Që të durojë, fizikisht,
   Derisa boja të zhduket
Që të durojë, metafizikisht,
   Derisa kujtimi i tij të zhduket

= = =

Eksperienca e plazhit

Nëse do përmblidhja
Eksperiencën e plazhit
Në mënyrë minimaliste

Do mund ndoshta të merrja rërë
Dhe ujë deti
E t'i vëja në një shishe

Një shishe, që, meqë ra llafi
Është bërë nga i njëjti material
Si rëra -

E kjo do ishte një qasje materialiste -

Por mund dhe të pikturoja -
Vetëm me dy ngjyra, portokalle dhe blu
Për rërën dhe detin

E kjo do ishte një qasje vizualo-artistike -

Por në këtë mbretëri fjalësh
Unë u fokusova tek elementet kryesorë
Prej nga doli ky rezultat:

```
SiO2 SiO2 SiO2 SiO2 SiO2 SiO2 SiO2 SiO2 SiO2 SiO2
SiO2 SiO2 SiO2 SiO2 SiO2 SiO2 SiO2 SiO2 SiO2 SiO2
SiO2 SiO2 SiO2 SiO2 SiO2 SiO2 SiO2 SiO2 SiO2 SiO2
SiO2 SiO2 SiO2 SiO2 SiO2 SiO2 SiO2 SiO2 SiO2 SiO2
SiO2 SiO2 SiO2 SiO2 SiO2 SiO2 SiO2 SiO2 SiO2 SiO2
SiO2 SiO2 SiO2 SiO2 SiO2 SiO2 SiO2 SiO2 SiO2 SiO2
SiO2 SiO2 SiO2 SiO2 SiO2 SiO2 SiO2 SiO2 SiO2 SiO2
SiO2 SiO2 SiO2 SiO2 SiO2 SiO2 SiO2 SiO2 SiO2 SiO2
SiO2 SiO2 SiO2 SiO2 SiO2 H2O  SiO2 SiO2 SiO2 SiO2
SiO2 SiO2 H2O  H2O  H2O  H2O  H2O  SiO2 H2O  SiO2
NaCl H2O  SiO2 H2O  H2O  H2O  H2O  H2O  H2O  H2O
H2O  H2O  H2O  H2O  H2O  H2O  H2O  H2O  H2O  H2O
H2O  H2O  H2O  H2O  H2O  H2O  H2O  H2O  H2O  H2O
H2O  H2O  H2O  H2O  H2O  H2O  H2O  H2O  H2O  H2O
H2O  H2O  H2O  H2O  NaCl H2O  H2O  H2O  H2O  H2O
H2O  H2O  H2O  H2O  H2O  H2O  H2O  H2O  H2O  H2O
H2O  H2O  H2O  H2O  H2O  H2O  H2O  H2O  H2O  H2O
H2O  H2O  H2O  H2O  H2O  H2O  H2O  H2O  H2O  H2O
H2O  H2O  H2O  H2O  H2O  H2O  H2O  H2O  H2O  H2O
H2O  H2O  H2O  H2O  H2O  H2O  H2O  H2O  H2O  NaCl
```

...

E - për ekstra realizëm - a vutë re
Vendin ku uji i detit e rëra takohen
Ku valët e detit thyhen në plazh?

A vutë re, gjithashtu
Përqindjen e kripës në ujë?

...

Adresa brenda

Unë vizatoj -

Një zarf normal

E mbi të

Unë shkruaj -
Një mesazh -

= = =

Ky është një zarf i veçantë

Mesazhi - ky këtu - është shkruar mbi të
Dhe adresa është brenda -

Por vetëm ata që dinë
Si të hapin vizatime zarfash

Mund të gjejnë adresën -

= = =

Inkurajim

Unë vizatoj -

Një medalje
Me motive të ndryshme

Ose akoma dhe vetëm
Shiritin me ngjyra

Unë shkruaj -
Një mesazh -

= = =

Po të dorëzoj
Këtë medalje prej letre
Si inkurajim
Për ty
Që të bësh
(apo vazhdosh të bësh)
Diçka të mirë
Dhe të bukur
Në të ardhmen
Që arrin
E ndoshta dhe tejkalon
Vlerën minimale që nevojitet
Për të merituar këtë medalje -

= = =

Sepse mendova
Se është e mundur
Të inkurajosh
Pavarësisht parave,
Fuqisë, famës
Apo reputacionit -

Dhe se, për më tepër
Origjinaliteti
Është diçka
Për t'u vlerësuar si thesar -

Sepse këto janë gjërat
Që i japin vlerë një medaljeje

Përtej materialeve nga të cilat ajo është e bërë -

(Jo)Afrueshëm

Mendoj
se dikush mund t'i afrohet njerëzve
në një mënyrë në dukje jo të afrueshme
   sipas perceptimit të tyre

E ndoshta ky është një shembull

Mendoj
se dikush mund t'i afrohet njerëzve
në një mënyrë në dukje jo të afrueshme
   sipas perceptimit të tyre

E ndoshta ky është një shembull

Mendoj
se dikush mund t'i afrohet njerëzve
në një mënyrë në dukje jo të afrueshme
   sipas perceptimit të tyre

E ndoshta ky është një shembull

...

Balona e shiut

Një balonë
Mbi tokën e tharë

Një balonë
Në formë gjilpëre

Litari që varet
Është peri

Një mundim për të bashkuar
Retë -

Një mundim i kotë
Për të bërë të bie shi -

(Jo)materie

Unë shkruaj
Me bojë
Bërë nga pigmente natyrale
Si dhe përbërës të tjerë natyralë

Unë kodoj fjalët
Si pika dhe vija
Me ndarje të mundshme
Për gërmat,
Fjalët, apo rrjeshtat

Të vendosura
Në mënyrë që të ngjajnë si shi

Për të përcjellë
Mesazhin tim -

= = =

Në mënyrë që shiu
Të mund të tresi shiun

Në mënyrë që natyrorja
Të mund të absorbojë natyroren

Në mënyrë që materia
Të mund të fiki materien

Në mënyrë që jo-materia
Të mund të zgjedhi çfarë të bëjë
Me (jo) materien -

= = =

Ndonjëherë

- Le të takohemi ndonjëherë
    Në brigjet e ndonjë lumi
Në brigjet e një lumi
    Fjalësh

Le të takohemi

    Ndonjëherë

- Le të flasim ndonjëherë
    Afër një liqeni të qetë e të mjegullt
Afër liqenit të qetë e të mjegullt
    Të heshtjes

Le të flasim

    Ndonjëherë

- Le të pijmë ndonjëherë
    Në një plazh, afër një deti që xixëllon
Në një plazh, afër detit që xixëllon
    Prej sysh që buzëqeshin

Le të pijmë

    Ndonjëherë

- Le të këndojmë ndonjëherë
    Tek një burim uji të freskët
Tek një burim uji të freskët
    Këngësh jete

Le të këndojmë

    Ndonjëherë

-

E kur takimi të ketë mbaruar
    Ca kohë
Pas asaj kohe
    Pasi i kemi lënë hapësirë kohës
Dhe kohë hapësirës

E midis jemi takuar akoma dhe pa u takuar
Kemi folur pa folur
    Kemi pirë pa pirë
E kënduar pa kënduar
    Në aktivitete akoma më interesante

Le të takohemi përsëri së bashku -

Ndonjëherë -

Rreth autorit

Vangjel Canga (Vanca) lindi në vitin 1979 në Tiranë ku dhe përfundoi shkollën e mesme teknike "Harry Fultz" në vitin 1998.

Pas vitit 1998 studioi në Athinë, Greqi dhe në Newcastle upon Tyne, Angli për elektronikë dhe informatikë.

Ka shkruar poezitë e tij të para në 1996, por është marrë më seriozisht në periudhat 2004-2005 dhe që prej 2008 e deri më sot.

Ky është volumi i tij i tetë me poezi pas "Vizualet jo Vizuale", "Iluzione Pasagjere", "Poezi Moderne", "Buqeta e Poezive", "Ngjyra Ndjenjash", "Mesazhe" dhe "Mbretëreshat e muajve" (të disponueshme si libra të printuar dhe në versione elektronike – ebooks).

Përveç poezisë i interesojnë arte vizive si piktura dhe fotografia, dhe gjithashtu muzika.

Mund ta kontaktoni autorin dhe të lexoni më tepër në adresat elektronike e paraqitura në faqen nr. 2 (direkt pas faqes së titullit).

Ju faleminderit!